8

ネルソン・マンデラ

Nelson Mandela

信念は社会を変えた！シリーズの指針として

セロ・ハタン&ヴァーン・ハリス／著　原田 勝／訳

NELSON MANDELA
FOUNDATION
Living the legacy

ネルソン・マンデラ

ネルソン・マンデラと、その遺志《いし》に捧《ささ》ぐ

もくじ

優れたリーダーたちはよくわかっている。

社会の緊張《きんちょう》をとりのぞけば……

先見性のある男女が影響力《えいきょうりょく》を発揮できる

理想的な環境《かんきょう》が生まれ、

創造的な思想家が

注目を浴びるようになるものだ。

——ネルソン・マンデラ

はじめに

この小さな本は、ネルソン・マンデラのリーダーシップからどのような教訓を引きだせるかという問いについて、私たち二人が数年にわたって重ねてきた議論や、人々との対話の成果です。だれもが二十七年を超《こ》える獄中《ごくちゅう》生活に耐《た》えられるわけではありませんし、解放運動を指揮できるわけでもありません。もちろん、だれもが大統領になれるわけでもない。しかし、だれもがマンデラの例に学んで、自分の内にあるリーダーとしての資質を見出せるのではないか？これが、この十年間のリーダーシップ養成の試みにおいて、常に私たちに突《つ》きつけられてきた問いでした。私たち二人のうち、ヴァーン・ハリスは、マンデラがアパルトヘイト政策（人種隔離《かくり》政策）をとる南アフリカ政府相手の複雑な交渉《こうしょう》を指揮している時、アフリカ民族会議（ANC）（黒人の参加による民主的な政治を求める南アフリカの政党。マンデラをシンボルに人種差別撤廃《てっぱい》に成功。一九九四年以降、現在まで与党《よとう》）の組織で働いていました。そして二人とも、マディバ[*1]（敬意のこもったマンデラの愛称《あいしょう》）が南アフリカ大統領だった時、政府職員でした。セロ・ハタンは、マディバがリーダーとしての影響力《えいきょうりょく》を行使し、自らが重要と考える広範囲《はんい》の課題について権力構造にメスを入れようとしていた時期に、南アフリカ人権委員会の幹部でした。また、二人とも、マディバの大統領退任後、彼《かれ》が主導する事業体の職員となりました。そして、マディバ個人に関《かか》わる記録や文献《ぶんけん》を収集整理し、深く読みこみ、さらに、その過程にマディバ本人を引きこみました。この小さな本は、そこで私たちが学んだことを述べています。

セロ・ハタン＆ヴァーン・ハリス

生まれながらのリーダーシップを備えた人は、

世界にいくらでもいる。

——ネルソン・マンデラ

プロローグ

一九八六年。南アフリカ政府は、その後四年間、この国を万力《まんりき》のように締《し》めつけることになる国家非常事態を宣言する。ネルソン・マンデラは、ケープタウンにほど近いポールズムア刑《けい》務所《むしょ》*〈ii〉に収容されていて、刑期《けいき》の長い他の政治犯たちから隔離《かくり》されたばかりだったが、アパルトヘイト政策を続ける政権幹部らと、予備的な「交渉《こうしょう》のための交渉《こうしょう》*〈iii〉」を始めていた。マンデラにとっては危険をはらんだ時期だった。マンデラは同志たちに相談することなく行動を起こし、その後も助言に耳を貸さず、当時、国外にあった自らが所属する組織、アフリカ民族会議（ANC）の幹部たちともほとんど連絡《れんらく》がとれないままだった。政府は情報部員や精神科医、その他の専門家を配置し、この機会を最大限に利用しようとする。彼《かれ》らはマンデラのすべての行動を記録し、あらゆる会話を録音した。

リーダーとして、マンデラは後戻《あともど》りできない岐路《きろ》に立たされていた。もしも当時の政権によって、国外にいるANC幹部たちとのあいだに楔《くさび》を打ちこまれてしまったり、マンデラ自身がANCの承認なしに譲歩《じょうほ》したり、あるいはまた、今、自身が主導している交渉《こうしょう》のせいで、ANCが並行して行っている交渉《こうしょう》が反故《ほご》にされてしまったら、マンデラの信用は地に堕《お》ちてしまう。こうした状況《じょうきょう》を知っている同志たちは心配していた。最悪の事態を恐《おそ》れていたのだ。彼《かれ》のその後の人生のすべてが、この時期にかかっていたと言っても過言ではないだろう。

マンデラはひるまなかった。

「彼《かれ》は道をまちがえませんでした」何年もたってから、ジョージ・ビゾスはそうふりかえった。ビゾスはマンデラの弁護士の一人で、亡命中だったANC幹部とのあいだの重要なパイプ役だった。「マンデラは、完全に事態を掌握《しょうあく》していたのです[*1]」

優れたリーダーのしるしは、

自分がおかれている状況《じょうきょう》を理解し、

それに応じて行動する能力があることだ。

——ネルソン・マンデラ

優れたリーダーとは

ネルソン・マンデラは、なぜあのようなリーダーになることができたのか？　なぜマンデラは、世界中から優れた指導者の象徴《しょうちょう》とみなされるようになったのか？　一度たりとも道を踏《ふ》みはずさなかったからなのか？　およそ一人の人間のうちに見出されることなどない、聖人のような資質をいくつも備えていたからなのだろうか？　私たちはそうは思わない。マンデラもそうは思っていなかった。自身も認めているように、彼《かれ》は公私ともに過《あやま》ちを犯《おか》した。弱点もあったし、欠点さえあった。一九九八年に、新たな回想録の草稿《そうこう》を書きはじめた時に本人が用いた印象的な言葉を借りれば、マンデラは、せいぜい「努力しつづける罪人《つみびと》」だった。

　マンデラをリーダーたらしめた、これという資質を特定しようとする試みは幾度《いくど》となく行われてきた。だが、そのほとんどは、先見性、勇気、敵を傍《かたわ》らにおける力、引き際《ぎわ》の潔《いさぎよ》さなど、言ってみればリーダーに必要な一般《いっぱん》的属性と関連づけようとする罠《わな》に陥《おちい》っている。二〇〇七年、ネルソン・マンデラ財団も、まさに同じ過《あやま》ちを犯《おか》した。ちょうどマンデラが表舞台《おもてぶたい》から身を引こうとしている時だった。マンデラは財団に、社会正義の実現という新たな使命を与《あた》え、財団はその使命を果たすための準備として、とりわけ、マンデラの生涯《しょうがい》や業績を特徴《とくちょう》づけている中心的価値観を特定しようと試みた。このプロジェクトでは、財団の職員だけでなく、独立した研究者やアナリストを加えたチームを作り、マンデラの人生のさまざまな時期に身近で活動していた二十三人の個人に対し、グループでの聞きとり調査を実施《じっし》し、さらに、一人ひとりからじっくりと話を聞いた。マンデラの私的な文書――日記やノート、私信など――も分析《ぶんせき》した。明らかになったのは、ひと言に集約できるような価値観がまったくないことだった。ネルソン・マンデラという人物の多面性は、たとえば、力強いリーダーシップに至る七つのステップ、といった、ラベルを貼《は》った箱に分類できるようなものではなかったのだ。

じつは、マンデラのリーダーシップの鍵《かぎ》を見つけるには、さらに深く掘《ほ》りさげていかなければならない。そして、掘《ほ》りさげた上で、私たちは彼《かれ》の多面性だけでなく、矛盾《むじゅん》さえも受けいれる心の準備がなければならない。たとえば、マンデラの生涯《しょうがい》を追っていくと、集団指導体制へのこだわりや、進んで他者の意見を求める姿勢が浮《う》かびあがってくる。しかしその一方で、助言を聞きいれず、あるいは求めずに行動した例は、事の大小を問わず枚挙にいとまがない。先にあげたポールズムア刑務所《けいむしょ》における出来事は、その一例にすぎない。おそらく、そういう行動が必要な局面を察知する能力こそが、まさに優れたリーダーの条件なのだろう。もうひとつ例をあげておこう。マンデラは、分析《ぶんせき》する多くの人々《ひとびと》にとって、権限委譲《いじょう》という考え方を体現したような人物で、大統領の任期中にはその技を極《きわ》め、日々《ひび》の政権運営は側近たちにまかせて、自らは大局的な判断にもとづく政策や国家戦略の決定、象徴《しょうちょう》的な調停に精力を傾《かたむ》けている。それでいて、さまざまな行政分野で陣頭《じんとう》指揮をとっているのは他の大統領と同様であるばかりか、細部にこだわりすぎることさえあった。

こうした多面性は例をあげればきりがない。マンデラは政治家の中の政治家であり、変わり身が早く、時には目先の利益を求めた。それでいて、核《かく》となる信念にはゆるぎがない。考えを曲げず、頑固《がんこ》と言ってもいいだろう。マンデラは調停人であり仲裁者だったが、その一方で自由を求める闘士《とうし》であり、瀬戸際《せとぎわ》政策を得意とする交渉《こうしょう》人でもあった。マンデラは教育に人を解放する力があることを信じ、ことあるごとに、あらゆる手段によって教育の機会拡大を推進した。一方で、かつて活動をともにした人々《ひとびと》は、マンデラが公的な資格にこだわる傾向《けいこう》があったことを指摘《してき》し、彼《かれ》が立てた学校建設計画を、南アフリカの教育制度が抱《かか》える根深い制度的問題と向きあっていない、誤《あやま》った博愛主義にもとづく干渉《かんしょう》だと批判している。アパルトヘイト廃止《はいし》後初の政権は、マンデラの注視のもと、基本的には、グローバル・ノース（主に北半球にある先進国）のモデルや方策を用いて教育制度の改革を試みたことは否定できない。しかし、そのようなモデルや方策は、一九九〇年代の南アフリカでは機能しなかったし、おそらく実情に合わなかったのだ。私たち二人は、マンデラの大統領在任中、彼《かれ》の下で働いていたのだが、今思うと、当時の政府全体に、世界で広く成功している基準を用いてさえいれば、どんなことでも改善できる、それも、すぐにできるという過信があった。こうしたおごりは、この国はアフリカ大陸では例外的な国家であるという考えや、グローバル・サウス（主に南半球にある開発途上国《かいはつとじょうこく》）の国々《くにぐに》の経験を深く学ぶことへのある種の抵抗感《ていこうかん》と結びついていた。

マンデラという人物を単純化したり、理想化したりするのは無益である。南アフリカでも、世界でも、そうした見方をする人たちのなんと多いことか。そしてその見方が、とくに若い人たちのあいだに見られる反マンデラの潮流の底にあるだけでなく、反感の源となっているのはまちがいないだろう。この流れを感じとった人々《ひとびと》は、いつまでも絶えない絶対視にいらだちを覚え、遠回しに、マンデラとその世代の指導者たちは、民主化への交渉《こうしょう》過程で南アフリカの黒人を売りわたしたのだと言っている。こうした見方をはっきり口に出す人たちの多くは、マンデラと前妻のウィニー・マディキゼラ・マンデラをならべ、悪役とヒロインに仕立てあげる。しかし、有益かつ必要なのは、事実を重んじ、彼《かれ》の複雑な過去や人格を理解しようとすることだ。マンデラは、自らの個人的な文書をネルソン・マンデラ財団に寄贈《きぞう》する際、これを元に実績を誇示《こじ》するようなものを作ってはならないし、また、文書を管理する者たちに、マンデラという人物を擁護《ようご》する責任を感じさせてはならないことを明確にした。文書は公的な財産とすべきであり、その一番の目的は、マンデラの思い描《えが》いた国や世界を作るために活用することである、と。

では、なにがネルソン・マンデラを、あのような稀有《けう》なリーダーにしたのだろう？　彼《かれ》が遺したものは私たちになにを教えてくれるのだろうか？　「これがマンデラのリーダーシップの核《かく》となる特徴《とくちょう》だ」と示せないのなら、彼《かれ》の人生のどの部分に、よきリーダーシップの手本が見つかるのだろう？　さらに深く探っていくと、そこにはなにがあるのだろうか？　じつはネルソン・マンデラは、リーダーとして機を見る感覚がずばぬけていたのだ。マンデラには、羊を追う羊飼いさながら、背後から人を操るべき時と自ら前に出るべき時を見きわめる直感が備わっていたようだ。マンデラは、父親の死後、まだ若かった自分を教え導いてくれたテンブ族の摂政《せっしょう》[*ⅳ]の言葉を好んで引用した。「私は摂政《せっしょう》が口にしていた格言をよく思いだす。上に立つ者は羊飼いのようなものだ。群れのうしろにいて、もっとも敏捷《びんしょう》な羊を先に行かせておく。そうすれば残りの羊はあとに従うが、その間、だれも背後から操られていることに気づかない[*2]」口ではそう言いながら、マンデラは陣頭《じんとう》に立って指揮している時のほうが居心地《いごこち》がよかったようだ。マンデラは、退《しりぞ》く時と打って出る時、待つべき時と動くべき時を敏感《びんかん》に察知する直感をもっていた。そして、彼《かれ》が天才的だったのは、多くの場合、その判断に誤《あやま》りがなかったことだろう。直感を説明しようとしてもむだであることは言うまでもない。直感は直感でしかないのだから。しかし、機を見る力や直感は、いったいどういう土壌《どじょう》で花ひらくのだろうか？

おそらく、ネルソン・マンデラの場合は、「規範《きはん》」と「原則」と呼べるようなものが、豊かな土壌《どじょう》となっていたのではないだろうか。マンデラの、日々《ひび》の行動、日課、習慣を律していた規範《きはん》こそが、なぜ彼《かれ》があのように有能で称賛《しょうさん》に値《あたい》するリーダーとなったのかを理解する鍵《かぎ》をにぎっている。それらは、だれでも身につけることのできる規範《きはん》である。そして、だれもがそれを利用して、自らの内にあるリーダー性を見出すことができるのだ。

リーダーは、

だれにも相談せずに一人で行動し、

その結果を組織に示すことが

どうしても必要な場合がある。

——ネルソン・マンデラ

私たちは

集団的指導体制の伝統のもとで育っている。

物事を徹底《てってい》的に議論するので、

時にはまったく意見が分かれることもあるが、

最終的には合意に達する。

——ネルソン・マンデラ

規範と原則

耳を傾《かたむ》ける

南アフリカ共和国の大統領になる頃《ころ》までには、マンデラは人の話に耳を傾《かたむ》ける度量を身につけていた。多くの著名人とちがい、上からものを言うのではなく、まずは相手の言うことを聞くべきだと、本能的にわかっていたようだ。有名無名、身分の上下にかかわらず、マンデラに会った人は、ちゃんと話を聞いてもらっていると感じた。ひとつには、マンデラが、出会った人たちの暮らしや考えに純粋《じゅんすい》な好奇心《こうきしん》を抱《いだ》いていたからだと言える。が、じつは、もっと深いところで、はっきりとした意図のある規範《きはん》が働いていた。マンデラは伝統的に集団生活を大切にする環境《かんきょう》に生まれ、そこでは、人の話をよく聞く姿勢が尊ばれ、だれもが協議や対話の作法を重んじることを求められた。子ども時代から青年期まで、両親やテンブ族の古老たち＊〈v〉から、こうした習慣を教えこまれていたのだ。部族内ではもっとも位の高いリーダーたちでさえ、話すことより聞くことに時間をさいていた。その後、ＡＮＣやその他組織との会議活動＊〈vi〉に引きこまれていくことで、さらに経験を積んでいく。マンデラは短期間に指導的な地位まで駆《か》けあがったが、地位が上がるごとに、複数の組織からなる連合体の中での動きに磨《みが》きがかかっていった。

そして刑務所《けいむしょ》にいるあいだに、敵対する人々《ひとびと》の考えを積極的に学んだ。アフリカーナー（主にオランダ系の白人）の排他《はいた》的な民族主義の歴史についてさまざまな書物を読み、アフリカーンス語（英語と共に南アフリカ共和国の公用語で、オランダ語から発展した）を流暢《りゅうちょう》に話せるようになった。言葉が使えるようになったので、マンデラはこれを巧《たく》みに利用し、囚人《しゅうじん》たちの一層の権利拡大のために闘《たたか》った。たとえば、一九一四年に、当時大英帝国《だいえいていこく》の一部だった南アフリカ政府に対して反乱を起こし、投獄《とうごく》されたアフリカーナーたちが刑務所《けいむしょ》内で受けた処遇《しょぐう》について知ると、その知識を利用して、アパルトヘイト政権から譲歩《じょうほ》を引きだすことに成功している。また、一九八〇年代にポールズムア刑務所《けいむしょ》内で「交渉《こうしょう》のための交渉《こうしょう》」を開始した際には、長年の地道な努力によって培《つちか》った語学力を生かすことができた。しかしマンデラは、実利的な目的や儀礼《ぎれい》の範《はん》囲《い》など超《こ》えたレベルで、刑務所《けいむしょ》の看守たち*(vii)と交流していた。彼《かれ》らの生活に興味を示し、話に耳を傾《かたむ》け、積極的に関係を築いた。それによってまさに倫理観《りんりかん》の真の可能性とも言える寛大《かんだい》さを体現してみせたのだ。

晩年、体力が衰《おとろ》えてくると、そうした寛大《かんだい》さを示して人の話を聞くことはしだいに負担になっていったが、日記*〈viii〉には、会見を求めてやってくる無数の人々《ひとびと》の名が書きちらされている。そして、どちらかと言えば、マンデラの話を聞きにくる者は少なく、大半が支援《しえん》を求めてやってくる人たちだった。マンデラが、こうした場面にどう対処したか、私たちの記憶《きおく》にある好例を紹介《しょうかい》しよう。ジャック・ウォーナー（トリニダード・トバゴの政治家・実業家）がジョハネスバーグ（ヨハネスブルグ）にやってきて、面会を申しこんだ時のことだ。ウォーナーは当時トリニダード・トバゴで行われる選挙に立候補していて、現地メディアに対し、マンデラの支持を求めていると公言していた。ネルソン・マンデラ財団に到着《とうちゃく》すると、ウォーナーと二人の同行者は、選挙運動のことはマンデラとの面会で話題にしないという誓約書《せいやくしょ》にサインするよう求められた。ウォーナーは拒否《きょひ》し、マンデラに会わずに建物の外へ出ていってしまった。それでもマンデラは、サインした同行者たちと話すことに同意し、二人の他愛のない、旅や仕事の長話に耳を傾《かたむ》けたのである。

ネルソン・マンデラは、必要と思えば長い話をすることもできた。歴史に残る有名な法廷陳《ほうていちん》述《じゅつ》や演説がたくさんある。たとえば、一九六二年の「白人の法廷《ほうてい》に立つ黒人」や、一九六四年のリヴォニア裁判*〈ix〉における「私は死ぬ覚悟《かくご》ができている」、一九九〇年の釈放《しゃくほう》に際しての演説や、一九九三年にクリス・ハーニ*〈x〉が暗殺されたあとの国民にむけての演説、一九九四年の大統領就任演説などだ。*3 マンデラは必要な時には巧《たく》みで力強い弁舌をふるうことができたが、基本的には、むだな言葉はめったに口にしないよう、自分を律していた。マンデラは、こう言ったことがある。「私はふだんから、決して言葉を軽々《かるがる》しく用いないようにしている。刑務所《けいむしょ》に二十七年もいれば、一人だまっている時間が長く、言葉がどれほど大切であり、直接語りかけることが、人々《ひとびと》の生き死ににどれほど大きな影響《えいきょう》を与《あた》えるかを身をもって理解するものだ」*4 私たちは、マンデラが晩年、一度ならず（多くは、冗長《じょうちょう》な話を聞かされたあとだったが）、こうききかえすのを聞いたことがある。「一分で言えることを、なぜ十分かけて言うのか？」と。

人間愛

自由への長い道のりは苦しみに満ち、多くを奪《うば》われたにもかかわらず、ネルソン・マンデラは人間本来の善良さを信じていたし、長年の同志で友人でもあったジェイクス・ハーヴェルの言葉を借りれば、「一貫《いっかん》してその信念にしたがって行動して」いた。これもまた行動規範《きはん》のひとつであり、言ってみれば、他の様々《さまざま》な影響《えいきょう》と混じりあった「ウブントゥ」（バンツー語で「博愛、人間愛」といった意味の言葉）の実践《じっせん》だった。ハーヴェルは二〇〇六年に書いた文章の中で、次のように説明している。

マディバは、ほとんど十九世紀の実証主義者（科学的な手法で単一の真実を追求する立場）のように経験科学に信をおいていた。そして、その上に立って、人間は基本的に善良であると考えていた。マディバはかつてこう述べたことがある。「もしもあらゆる人々《ひとびと》の日々《ひび》の暮らしを……観察することができるなら、多くの人は概《がい》して善人であり、極端《きょくたん》な悪事を犯《おか》すのは例外的なことだろう」と。なぜそうした例外的な事象の想定を人間関係の基準とするのか、とマディバは問いかけているのだ。[*5]

マンデラにとって、人の苦しみの大きな源――偏見《へんけん》や憎悪《ぞうお》や欲望――は、後天的に身につけたものであり、捨て去ることができるものだった。

肌《はだ》の色や育った環境《かんきょう》、信じる宗教が自分とちがうという理由で人を憎《にく》むように生まれついている者などいない。人は教えられなければ他者を憎《にく》むことはない。憎《にく》むことを教えられるのなら、愛することも教えられるはずだ。なぜなら人間にとって、愛は憎《にく》しみより自然なことだからだ。*6

教育はマンデラにとって鍵《かぎ》だった。人は学んで無知から脱《だっ》することができるように、学んで善良になれる。

だから彼《かれ》は、自分の思いちがいが明らかになるまでは、だれであれ、その人物のもっとも良いところをやすやすと信じた。この寛大《かんだい》さという規範《きはん》が、政治活動における同志たちとの長年の信《しん》頼《らい》関係とあいまって、個人的関係を重んじる土台となっていく。当然ながら、これには影《かげ》の部分もある。マンデラはなかなか人を見限らなかった。同志や仕事仲間の欠点に目をつぶり、悪事の証拠《しょうこ》があっても、なかなかとがめない。挽回《ばんかい》のチャンスを二度、三度と与《あた》えてしまうこともあった。

人間の根本的な善良さを信じてはいても、マンデラに、人間の多面性が見えていなかったわけではない。一九七九年、妻のウィニーへの手紙の中でこう述懐《じゅっかい》している。「実生活の中で私たちが相手にしているのは、神々《かみがみ》ではなく、自分と同じ、ふつうの人たちだ。矛盾《むじゅん》に満ちた男女であり、冷静なこともあれば、うろたえることもある。強い時も弱い時もあり、名が知られていることもあれば、そうでないこともある。日々《ひび》、血管の中でウジ虫が強力な殺虫剤《さっちゅうざい》に抗《あらが》っている人々《ひとびと》だ」＊7マンデラにとって、善人と悪人を見分ける必要などなかった。代わりに、人が「内なる他者」と格闘《かくとう》する経験については、ほとんどポスト実証主義的（科学的な手法では社会や政治を分析《ぶんせき》するのに限界があるという立場）とも言える見方をしていた。

痛み

マンデラの自由への長い道のりは、当然、痛みを伴《ともな》い、痛みに耐《た》える道だった。しかしマンデラは、痛みを悪ではなく、つらいものにすぎないと考えることを選んだ。自分の人生からなにが奪《うば》われたかではなく、なにを得ているかを問うことを選んだ。マンデラは痛みから学ぶ道を選んだのだ。そして、ここでもまたハーヴェルの言葉を借りれば、マンデラは、一貫《いっかん》してそのような選択《せんたく》にしたがって行動していたのである。この原則が、彼《かれ》の行動規範《きはん》となっていく。きわめて長く、つらい人生を通じて、マンデラを支えたのはこの規範《きはん》だった。彼《かれ》は、何度も大切なものを失い、言葉にできないほどの打撃《だげき》を受けている。ごく幼いうちに父をなくし、若いうちに、また晩年にも、子に先立たれ、孫や愛する同志も失った。結婚《けっこん》にも二度失敗している。一九九二年、記者会見をひらき、妻ウィニー・マディキゼラ・マンデラとの別居を発表した時の、あの胸を締《し》めつけられるような場面をだれが忘れられようか。そこには痛みから逃《に》げて身を隠《かく》すそぶりはなかった。あったのは、痛みを受けとめ、新たな人生を見つけて、前に進みつづけようとする決意だったと言えよう。そしてまた、息子《むすこ》マハト*〈xi〉の死に際し、この死は南アフリカがHIV・エイズ禍《か》に見舞《みま》われている証《あかし》であると世界にむかって公言した画期的な瞬間《しゅんかん》を、だれが忘れられるだろう。マンデラの痛みは、タブーに立ちむかう武器となったのだ。

[illegible]
吉野せい……梨花
森 鷗外……山椒大夫
島尾敏雄……島の果て
長谷川四郎……鶴
原 民喜……夏の花
太宰 治……魚服記
海音寺潮五郎……極楽急行
梅崎春生……チョウチンアンコウについて

❸おかしい話

室生犀星……夜までは
佐藤春夫……蝗の大旅行
尾崎一雄……虫いろいろ
小沼 丹……カンチク先生
内田百閒……泥坊三昧
夏目漱石……自転車日記
山本周五郎……対話（砂について）
坂口安吾……村のひと騒ぎ
林家正蔵（演）……あたま山
桂文楽（演）……酢豆腐
桂三木助（演）……芝浜
森 鷗外……大発見
小泉八雲……日本人の微笑
星 新一……来訪者

●各1800円
●判型／A5変型判／略フランス装
●平均288ページ

有島武郎……小さき者へ
幸田 文……終焉
海音寺潮五郎……唐薯武士
谷崎潤一郎……母を恋うる記
林芙美子……風琴と魚の町
吉村 昭……同居
向田邦子……かわうそ
遠藤周作……夫婦の一日
川端康成……葬式の名人
井伏鱒二……へんろう宿
太宰 治……黄金風景

❻恋の物語

阪田寛夫……練習問題
木山捷平……うけとり
尾崎 翠……初恋
堀 辰雄……燃ゆる頬
江戸川乱歩……人間椅子
太宰 治……カチカチ山
三島由紀夫……三原色
芥川龍之介……好色
菊池 寛……藤十郎の恋
宮本常一……土佐源氏

なんと容赦のない、
なんと爽快な
ラインナップだろう。
上橋菜穂子さん

井上ひさし……あくる朝の蝉
志賀直哉……清兵衛と瓢箪
色川武大……ひとり博打
中島 敦……山月記
菊池 寛……入れ札
三島由紀夫……志賀寺上人の恋
谷崎潤一郎……刺青
幸田 文……髪
深沢七郎……おくま嘘歌
太宰 治……雀
石原吉郎……ある〈共生〉の経験から

❽こわい話

萩原朔太郎……蛙の死
夏目漱石……夢十夜　第三夜
内田百閒……豹／鯉
江戸川乱歩……白昼夢
半村 良……箪笥
岡本綺堂……利根の渡
中島 敦……牛人
菊池 寛……三浦右衛門の最後
坂口安吾……桜の森の満開の下
夢野久作……瓶詰地獄
星 新一……鏡
山川方夫……お守り
志賀直哉……剃刀
島尾敏雄……鉄路に近く
太宰 治……トカトントン

子母沢寛……冷や飯に沢庵
幸田露伴……野道
森 茉莉……ビスケット
深沢七郎……いのちのともしび
種村季弘……幻の料理
色川武大……大食いでなければ
古川緑波……富士屋ホテル
向田邦子……ごはん
武田百合子……枇杷／夏の終わり
宮沢賢治……注文の多い料理店

❿ふしぎな話

萩原朔太郎……死なない蛸
寺山修司……全骨類の少女たち
川端康成……化粧
梶井基次郎……愛撫
谷崎潤一郎……秘密
夏目漱石……心
内田百閒……尽頭子
三島由紀夫……美神
夢野久作……怪夢（抄）
星 新一……おーい　でてこーい
梅崎春生……侵入者
宮沢賢治……どんぐりと山猫
芥川龍之介……魔術
豊島与志雄……立札
中島 敦……名人伝
稲垣足穂……黄漠奇聞

いい人ランキング

吉野万理子 著

人の悪口を言わないし、掃除はサボらないし、「宿題を見せて」と頼まれたら、気前よく見せる人。「いい人」と呼ばれるのは、いいことだと思っていたけれど、実は……?いじめ問題について、いじめられる側だけでなく、いじめる側の心理もリアルに描いた作品。――人間関係に悩む中学生の実用書たりうる一冊! ●1,400円

古典

**古典に親しむきっかけに!
小学校高学年から楽しく
学べる古典入門**

はじめての万葉集

萩原昌好 編　中島梨絵 絵 (上・下巻)

● 各1,600円(A5変型判/2色刷/各128ページ)

「万葉集」全20巻、4500首の中から代表的な作品135首をセレクト。年代別に4期にわけて、わかりやすく紹介します。

上巻 ① 初期万葉時代:
大化改新 ~ 壬申の乱
(645 ~ 672 年ごろ)
② 白鳳万葉時代:
壬申の乱 ~ 藤原京への遷都
(672 ~ 694 年ごろ)

下巻 ③ 平城万葉時代:
藤原京への遷都 ~
平城京への遷都
(694 ~ 733 年ごろ)
④ 天平万葉時代:
平城京の時代
(733 ~ 759 年ごろ)

村上春樹の翻訳えほん

★ C.V.オールズバーグ 作　村上春樹 訳 ★

急行「北極号」　★コルデコット賞

幻想的な汽車の旅へ……。少年の日に体験したクリスマス前夜のミステリー。映画「ポーラー・エクスプレス」原作本。

●1,500円（24×30cm／32ページ）

ジュマンジ

ジュマンジ……それは、退屈してじっとしていられない子どもたちのための世にも奇妙なボードゲーム。映画「ジュマンジ」原作絵本！

●1,500円（26×28cm／32ページ）

魔術師アブドゥル・ガサツィの庭園

★コルデコット賞銀賞

「絶対に何があっても犬を庭園に入れてはいけません──引退した魔術師ガサツィ」ふしぎな庭で、少年が体験した奇妙なできごと。

●1,500円（25×31cm／32ページ）

★ シェル・シルヴァスタイン　村上春樹 訳 ★

おおきな木

おおきな木の無償の愛が、心にしみる絵本。絵本作品の「読み方」がわかる村上春樹の訳者あとがきは必読。

●1,200円（23×19cm／57ページ）

はぐれくん、おおきなマルにであう

名作絵本『ぼくを探しに』（講談社）の続編が村上春樹・訳で新登場！　本当の自分を見つけるための、もうひとつの物語。

●1,500円（A5変型判／104ページ）

あすなろ書房の本

［10代からのベストセレクション］

『ねえさんといもうと』より ©2019 by Komako Sakai

表示価格は、税別です　2020.4.1

獄中《ごくちゅう》での長い年月は無駄《むだ》にすぎていったわけではない。マンデラは愛する人たちと引きはなされた痛みを力に変え、遠くから粘《ねば》りづよく彼《かれ》らとの親密さを深めていった。日々《ひび》の闘争《とうそう》に追われていた時期にはできなかったやり方で、家族との交流を大切にし、あらゆる手段を用い、とりわけ、しだいに増えていく充実《じゅうじつ》した手紙のやりとりによって、家族一人ひとりの日常的なことがらにまで関《かか》わった。また、すでに述べたように、マンデラは獄中《ごくちゅう》での時間を意識的に利用し、圧政者の言語であるアフリカーンス語を学び、それはのちに、交渉《こうしょう》を率《ひき》いる身として欠かせない知識となった。そして、一九八六年、ポールズムア刑務所《けいむしょ》における一連の行動は、長年の痛みが、解放への研ぎすまされた武器となりうることを示していた。*〈xii〉

九十歳《さい》を迎《むか》えた年、マンデラは、個人秘書のゼルダ・ラフランヒと静かに過去をふりかえりながらこう語っている。「私はロベン島*〈xiii〉が大好きだ……よそとはまったく異なる経験で……ああいう時間をすごせたことは幸せだった」*8 これはマンデラが、自分の人生の一時期に、読書や執筆《しっぴつ》や回想に多くの時間を割《さ》くことができたことへの懐旧《かいきゅう》の念を表していると見ることもできる。生活のリズムはゆったりしていたし、雑事はなく、信頼《しんらい》できる友人たちとの強い仲間意識があった。そして、この時はまだ、自らの名声に囚《とら》われてはいなかった。見方を変えれば、マンデラは、痛みからなにを学べるか、身をもって示していたと言えよう。

責任感

おそらく、リーダーとしての資質が真に試《ため》されるのは、ものごとがうまく行かなかったり、過《あやま》ちを犯《おか》してしまったり、あるいは、計画が予定どおり進まなかったりして、個人や集団が、それに対処しなければならない時だろう。失敗を恐《おそ》れて足を踏《ふ》みだせずにいるのは、良い指導者の姿勢とは言えない。失敗の責任をとることがリーダーシップだ。この原則にもとづく行動こそが、ネルソン・マンデラの人生と業績の特徴《とくちょう》である。マンデラは、長く険しい道を歩む時はどうしてもころんでしまうことを理解していた。再び立ちあがり、進みつづけようとする決意が大切なのだ。

マンデラが生涯《しょうがい》でなしとげたことを考えると、彼《かれ》にとっては、どれもたやすいことだったのではないかと思いがちだ。

たしかに、マンデラは類《たぐい》まれな才能に恵《めぐ》まれてはいたものの、その人生には、失敗がめずらしくない領域がいくつかあった。たとえば、二度の離婚《りこん》は精神的な重荷となった。通信教育や獄中《ごくちゅう》での学習にくじけそうになったこともある。マンデラが、フォートヘア大学と南アフリカ大学の講座を受講して文学士号を取得したのち、実務研修を経て弁護士資格試験に合格し、最終的にはO・R・タンボ*〈XIV〉と共同で開設した法律事務所が繁盛《はんじょう》したことはよく知られている。一方で、あまり知られていないが、じつはマンデラは法学の学士号をとりたくて、四十年にわたり、学位の獲得《かくとく》をめざして断続的に学習を続けていた。一九四三年には、ヴィットヴァータースラント大学の一年次の単位をすべてとりそこねている。ようやく一九八九年に南アフリカ大学から学位を授与《じゅよ》されるまで、マンデラは三十を超《こ》える講座の単位を落としていた。進みつづけ、失敗を重ね、じっと耐《た》える彼《かれ》の能力には非凡《ひぼん》なものがあった。のちに、この長きにわたる苦労をふりかえる時も、決して環境《かんきょう》のせいにはせず、あくまで「わたしは頭のいい学生ではなかったのだ」と言ってゆずらなかった。*9

マンデラは、自らに課された重い責任を担う覚悟《かくご》ができていた。そして、大統領の任期終了《しゅうりょう》にあたっては、HIV・エイズ禍《か》との闘《たたか》いでやり残したことがあると認め、退任したのちも自身の精力と時間の多くをこの闘《たたか》いに捧《ささ》げたので、方針や施策《しさく》をめぐって、後継《こうけい》大統領のターボ・ムベキ*〈xv〉との、困難な、そしてあからさまな対立を引き起こすこととなった。重荷を背負うことは習慣だった。たとえば、初めての民主的な選挙運動の際、インカタ自由党（IFP）の支持者とANC本部のあるシェル・ハウスの警備団とのあいだで激しい衝突《しょうとつ》が起こり、多数の死者が出た時のことだ。*〈xvi〉マンデラは、本部建物を守るために出された発砲《はっぽう》命令の責任をとると言ってきかなかった。また、この選挙運動中、投票年齢《ねんれい》を十四歳《さい》まで引きさげることを公《おおやけ》に求め、周囲を驚《おどろ》かせた。集団指導体制にあったANCの幹部たちは驚愕《きょうがく》し、直後にひらかれた会議でマンデラを非難した。マンデラは、幹部たち一人ひとりの批判を逐一《ちくいち》メモにとっていった。そして最後のメモでは、自分が誤《あやま》った判断を下していたことを認めている。

マンデラが、リーダーとして責任をとった例をもうひとつだけあげておこう。それは、国内のラグビー競技の運営に関するものだ。一九九五年、マンデラは政治的に大きなリスクがあるにもかかわらず、この年に南アフリカで行われたラグビーワールドカップで、従来から使われていたスプリングボック（南アフリカ産のレイヨウの一種）のエンブレムを使用する案を支持し、また当時の南アフリカラグビー協会（SARU）会長、ルイ・レイトと緊密《きんみつ》な連携《れんけい》をとった。二年後、ラグビー界の改革が進まなかったため、マンデラは調査委員会を立ちあげて、協会内部の調査を指示せざるを得なくなった。レイトはこれに対抗《たいこう》し、委員会の解散を求める訴訟《そしょう》を起こした。マンデラは周囲の助言に従わず、召喚《しょうかん》に応じて法廷《ほうてい》で自ら証言し、レイト弁護団からのきびしい反対尋問《じんもん》にさらされることになる。マンデラは汚《よご》れ仕事の引きうけ方を心得ていた。

　また、こうした姿勢は私生活においても彼《かれ》の習慣であり、行動規範《きはん》だった。それがよくわかる例をひとつだけあげておこう。一九五八年、マンデラは、ジョハネスバーグで、ある有名な人権問題の訴訟《そしょう》における被告《ひこく》弁護人を務めていた。活動家仲間で、優秀《ゆうしゅう》だがすぐに威圧《いあつ》的な態度をとるルース・ファースト*〈xvii〉は、マンデラの訴訟《そしょう》の進め方に批判的だった。ある日、彼女《かのじょ》から電話がかかってきて、見解を伝えられると、マンデラは気分を害し、腹をたてて、「よけいなお世話だ！」と言いかえした。だが、その日のうちに、ルースの勤務先だったヴィットヴァータースラント大学へ車を走らせて謝罪し、ハグを交《か》わしたのだった。

国民に約束した、

すべての人にとってのより良い暮らしを

実現するためには、

あらゆるレベルにおける

リーダーたちの積極的な関《かん》与《よ》が必要だ。

——ネルソン・マンデラ

自己解放

ネルソン・マンデラは自由の闘士《とうし》だった。そして、どうすればその務めを果たせるのかわかっていた。「自分」も「家庭」も犠牲《ぎせい》にして、「政治活動」や「国民」や「闘争《とうそう》」のために尽《つ》くしたと言っていい。その人生は本質的に、ほぼすべてが奉仕《ほうし》の人生だった。しかし同時に、それは自己を解放していく人生であり、もしかしたら、あらゆる旅の中でもっとも困難なものだったかもしれない。私たちの目から見ると、マンデラの人生は、次の格言を身をもって示していたように思える。「一国を解放するには軍隊が必要だが、自らを解放するには、自分一人いればよい」この格言は、使われ方も文脈も異なるが、バントゥー・スティーヴン・ビコ*〈XVIII〉によって黒人意識運動の中で唱えられてきたものだ。

マンデラの人格は、さまざまな伝統や慣習や師と仰《あお》ぐ人たちによって形成された。しかし、彼《かれ》がごく幼い頃《ころ》から発揮していた力は、教えられたすべてのルールを調べ、それを自分自身のものとするか、捨ててしまうのかを決める力だった。伝統的な考えを鵜呑《うの》みにすることはなかった。十代の頃《ころ》、マンデラは割礼《かつれい》と、それに付随《ふずい》する通過儀礼《ぎれい》を経験している。マンデラはのちに、ともに割礼を受けた少年たちが儀式《ぎしき》に使った小屋に火を放ち、一人前の男として世の中にもどっていく時、「ふりかえってはならない」というしきたりを自分が破ったことを告白している。[*10]そして、やはり後年、またもや伝統的な掟《おきて》を破り、明かしてはならないとされていた、この成人の儀式《ぎしき》の様子を公《おおやけ》にした。また晩年には、孫息《むす》子《こ》たちに、割礼は山の中ではなく病院でしてもらいなさいと忠告している。マンデラは青年時代、その後の進路を考えると非常に重要な、人生を変えてしまうような決断を、ひと月とたたないうちに二度下している。まず、フォートヘア大学の学長に異議を唱え、事実上、それがもとで退学させられ、次に、テンブ族の摂政《せっしょう》から、王国内の若い女性との結婚《けっこん》が決まったと告げられた時、それにさからっている。マンデラは摂政《せっしょう》の雄牛《おうし》を二頭盗《ぬす》み、それを売った金をジョハネスバーグまで行く旅費にあてて、新生活を始めたのだ。

　自己を解放するための行動に終わりはない。マンデラは、一九八〇年代にポールズムア刑務《けいむ》所《しょ》内で、初めてHIV・エイズを知った時のことを、古くからの活動家仲間であるアメッド・

カスラーダ*〈xix〉と、何度もふりかえっている。二人とも、この問題や感染した人々《ひとびと》にまつわる根も葉もないうわさやタブーに翻弄《ほんろう》された。たとえば、どんな形でも身体的な接触《せっしょく》があれば、この病気がうつるのではないかと心配していた。その後、感染の性質や範囲《はんい》についての知識を積極的に身につけていった。一九九〇年代初頭のマンデラのノートには、この件に関する記述が多く残っているし、その後も亡《な》くなるまで理解を深めることをやめなかった。

家父長制について言えば、マンデラは多くの点で、生まれた時代や場所の影響《えいきょう》から逃《のが》れられなかった。二〇〇五年、自らの人生をふりかえり、四十四歳《さい》で刑務所《けいむしょ》に入った時もまだ、自分は男性優位主義者だったと告白している。その後、長年の読書や思索《しさく》、仲間との議論を通じて、この問題を十分に理解し、あらゆる形での性差別を撲滅《ぼくめつ》するための効果的な戦略について考えるようになった。

じつは、刑務所《けいむしょ》の中でじっくり本を読んでいると、それまで、塀《へい》の外では決して知ることのなかったさまざまなことを発見する。これは刑務所暮《けいむしょぐ》らしのひとつの利点だ。文学を読めば心がひらかれ、自分の過去の考えのうちいくつかは、まったくまちがっていたことに気づくものだ[*11]。

刑務所《けいむしょ》から釈放《しゃくほう》されたのち、マンデラはしばしば、身近にいる強い女性たちを見て、自分にはまだ、理想を実現するためにしなければならないことがあると気づかされる。この思いが理由の一つとなって、マンデラは当初、大統領就任を渋《しぶ》り、党執行部《しっこうぶ》の目を、もっと若い男性、もしくは女性にむけさせようとした。マンデラにとって原則ははっきりしていた。男女は平等だ。そして、日々《ひび》、その実現に身を捧《ささ》げることこそが、彼《かれ》の行動規範《きはん》だった。

同世代の人々《ひとびと》の中には、

状況《じょうきょう》や歴史が別の決定を下していれば、

私の立場に立つことができた人がたくさんいる。

私がリーダーとなったのは、周囲にいて、

私を育ててくれた人たちのおかげだ。

——ネルソン・マンデラ

ユーモア

晩年のマンデラは、暖かい人柄《ひとがら》とユーモアで知られていた。どうすれば人を笑わせられるかわかっていた。近しい人たちとは、お互《たが》いをからかったり、お決まりの冗談《じょうだん》を交《か》わすのが大好きで、ひと言で言えば、とても茶目っ気のある人だった。一度、こんなことがあったのをおぼえている。ある公式行事のためにネルソン・マンデラ財団の講堂に入ったマンデラは、昔からの活動家仲間マック・マハラジ*〈xx〉が最前列にすわっているのに目をとめた。長年の喫煙者《きつえんしゃ》だったマックが、ようやく禁煙《きんえん》した頃《ころ》のことだ。マンデラはいたずらっぽく目を輝《かがや》かせながらたずねた。「もう煙草《たばこ》は吸いはじめたか?」マックは、吸っていない、と答えた。するとマンデラはこう返した。「でも、きみのことだから、今はダガ*〈xxi〉を吸ってるんだろう?」

しかし、もしかしたら、マンデラにとって冗談《じょうだん》を口にすることは、いたってまじめな行為《こうい》であり、行動規範《きはん》のひとつだったのかもしれない。二〇〇五年、ティム・カズンズ*〈xxii〉から、そのユーモアのセンスはどこから来たのか、とたずねられたマンデラは、幼い頃《ころ》に、摂政《せっしょう》のいる王家という環境《かんきょう》で育ち、「まじめさ」が奨励《しょうれい》されていたことを指摘《してき》した。おかげで、自分のことをまじめにとらえ、威厳《いげん》を保ち、重々《おもおも》しい態度をとることを習いおぼえる一方で、ユーモアは、それを必要とする人々《ひとびと》に与《あた》えるプレゼントのようなものになったのだ、と。

深刻な事態について検討している時でさえ、私は冗談《じょうだん》を口にするのが好きだ。なぜなら、人は肩《かた》の力がぬけているほうが、まともに頭が働くからだ……。冗談《じょうだん》を聞けば、つらい経験を忘れて楽しい気分になれることを、われわれは田舎《いなか》に暮らす人たちから学んでいる。これはとても大切なことだ。[*12]

マンデラは人の笑わせ方を知っていた。さらに重要なのは、どうやって自分を笑えばよいかを知るようになったことだ。若い頃《ころ》のマンデラが、自分のことをきまじめに考えすぎていたことを示すエピソードはいくらでもある。一九九八年、マンデラは自己分析《ぶんせき》し、次のように述べている。「若い頃《ころ》の私は……田舎《いなか》育ちの若者にありがちな欠点や誤《あやま》ちや軽率さをすべてあわせもっていた……。弱みを隠《かく》そうとして傲慢《ごうまん》さに頼《たよ》っていたのです*13」

歳《とし》を重ねてからのマンデラにとって、己を卑下《ひげ》する言動や、意見の保留や、自分をだしにした冗談《じょうだん》は、仕事を進めていくための道具のようなものになっていた。私たちの記憶《きおく》に残っているのは、彼《かれ》が書きためた文章が『ネルソン・マンデラ　私自身との対話』という本になり、その見本を受けとった日のことだ。マンデラはすぐにアメッド・カスラーダと思い出話を始めた。そして、一九六二年の日記からの抜粋《ばっすい》部分をひらき、アルジェリア軍の指導教官たちに、それまで銃《じゅう》をあつかったことはないと言った時の話をした。教官たちは、その後に行った射撃場《しゃげきじょう》で、マンデラの銃《じゅう》の腕前《うでまえ》に感嘆《かんたん》しきりだった。この話をしながら、二人の年老いた男は大笑いした。じつはマンデラは、それまでにも銃《じゅう》をあつかったことがあったのだ。マンデラはただ、アルジェリア人相手に、自分の評判やプライドが傷つくのを恐《おそ》れ、その事実を隠《かく》していただけだった。

さらに年月がたち、老いていくと、マンデラは自らの衰《おとろ》えをユーモアのネタにするようになった。たとえば、二〇〇六年、サー・アレックス・ファーガソンと、彼《かれ》が監督《かんとく》を務めていたイングランドのサッカーチーム、マンチェスター・ユナイテッドの選手たちと面会した時、マンデラは公《おおやけ》にしてはならない話を始めてしまった。まずいと思ったマンデラは、いったん口をつぐみ、それから、その場にいた人たちにむかって「諸君、申しわけないが、これ以上しゃべると私の首が飛んでしまうよ」と言った。さらに数年後のことだが、私たちの一人が、財団の建物の玄関《げんかん》までマンデラに付きそって長い廊下《ろうか》を歩いていくことになった。マスコミによる写真撮影《さつえい》が予定されていたのだ。当時の理事長、アフマット・ダンゴールが待つ玄関《げんかん》にたどりつく頃《ころ》には、マンデラはすっかりこちらの腕《うで》にもたれかかっていた。そして、代わって腕《うで》を貸したアフマットに、マンデラはこう声をかけた。「ああ、アフマット。これでようやく、きみにも仕事らしい仕事をしてもらえそうだ!」

最晩年になると、マンデラは時おり、来客中に、そばにいる個人秘書や財団の職員に微笑《ほほえ》みかけ、「今や、きみが私の看守だ」と言ったものだ。これは、軽いからかいの言葉であると同時に、あいかわらずの多忙《たぼう》な日々《ひび》と、予定を守らせようとする多くの人々《ひとびと》に対して、自分にはまだ、したいことをする自由がないのだと言いたかったのだろう。マンデラは、自らの名声と老いに囚《とら》われた身だったのだ。

どんなリーダーも犯《おか》してはならない

重大な過《あやま》ちは、

批判にさらされた時に過剰《かじょう》に反応し、

まるで校長が、

知識で劣《おと》る未熟な生徒たちにむかって

話すように、

議論をリードしようとすることだ。

――ネルソン・マンデラ

日々《ひび》の記録

成人してからの人生の大半を通じて、ネルソン・マンデラは日々《ひび》の出来事をとりつかれたように記録していた。これはひとつには、彼《かれ》がものにこだわる性格だったことと関係している。さらに、文字を書くという行為《こうい》を愛していたことも一因だろう。マンデラはコンピュータの使い方をおぼえようとせず、タイプライターもほとんど避《さ》けていた。手書きすることは、マンデラにとって一種の行動規範《きはん》だったのだ。そしてまた、人の話に耳を傾《かたむ》けるのと同様に、記録を残すことは根源的な力を得るための入口になると考えていたからでもある。社会学の多くの文献《ぶんけん》に謳《うた》われているように、フランスの思想家ブルーノ・ラトゥールの言葉を借りれば、書類の山であれ、コンピュータのデータであれ、記録を残すことは「本質的な力の源」なのだ。*14

マンデラ自身が、どのような要因や影響《えいきょう》のもとに、こうした習慣を身につけていったのかは推測できる。まず、ミッションスクールや大学で受けた教育の影響《えいきょう》がある。法律を学び、弁護士をしていたことも理由のひとつだろう。長期にわたる不自由な刑務所《けいむしょ》暮《ぐ》らしも経験した。これらすべてが影響《えいきょう》していたのはまちがいないが、もって生まれた性格によるところも大きい。記録を残す習慣のせいで、自分の身に面倒《めんどう》なことがふりかかる恐《おそ》れがあり、また実際にふりかかった。地下に潜《もぐ》って武装闘争《とうそう》を指揮していた時期、マンデラは、読んだ本やめぐらせた思索《しさく》について詳細《しょうさい》なメモをつけていた。一九六二年の前半は、アフリカ大陸のあちこちへ旅をし、兵士として訓練を受け、ロンドンにいるANCの同志を訪ねたが、その間、日記をつけていた。この時の記録の多くが、一九六三年のリヴォニア裁判において証拠《しょうこ》として利用されてしまった。

刑務所《けいむしょ》内では、手紙を書く権利や学習する権利を最大限活用した。本を読む時は必ずペンをもち、ノートをとり、注をつけた。マンデラは手紙を使って精一杯《せいいっぱい》、家族との交流を図り、妻はもちろん、子や孫、親戚縁者《しんせきえんじゃ》の日常のあらゆる細部に関《かか》わろうとした。手紙を書く時はまず、必ずノートに下書きをし、手を入れてから清書した。ノートは、マンデラが書いた全書簡の記録として残った。ノートはほかにもあり、のちには簡単な日記もつけていた。また、刑務所《けいむしょ》の幹部あてに大量の書類を提出していた。政治犯たちの権利闘争《とうそう》には、書面での要求や請願《せいがん》、弁護士への委任状がついてまわる。そうした多くの法律文書が、マンデラ自身の手によって書かれ、あるいは、マンデラを経由して提出された。現在、南アフリカの公文書の中には、マンデラが刑務所《けいむしょ》にいた長い年月のあいだに残した膨大《ぼうだい》な記録文書があって、刑務所《けいむしょ》側の譲歩《じょうほ》を引きだす際に、そのような文書がどの程度力を発揮したのかがわかる。

引きだした譲歩《じょうほ》は、大きなものもあれば、とても小さなものもあった。そしてそのすべてが、記録の力を如実《にょじつ》に示している。たとえば、一九七〇年、マンデラは高血圧の治療《ちりょう》のために蜂蜜《はちみつ》の支給を要求した。その後、刑務所《けいむしょ》側との長期にわたるやりとりが続き、マンデラは丁寧《ていねい》な言葉を使いながらも、「ノー」という回答は断固として受けいれず、時には自らアフリカーンス語をおりまぜて懐柔《かいじゅう》を図っている。刑務所《けいむしょ》のファイルには、罵詈雑言《ばりぞうごん》を含《ふく》む当局側の狼狽《ろうばい》ぶりがわかる文書が残っているが、結局、マンデラは蜂蜜《はちみつ》を手にいれた。

記録をつけるという行為《こうい》は、刑務所《けいむしょ》から釈放《しゃくほう》されたマンデラにとっても、とても大切な日々《ひび》の規範《きはん》となった。七十二歳《さい》になろうとするマンデラは、もはや忘れかけていた、移動をくりかえし、予定表が連日の会議で埋《う》まり、きわめて複雑で不安定な政治交渉《こうしょう》が続く日々《ひび》へともどっていった。むろん補佐《ほさ》する人たちはいたが、マンデラは自分で記録をつけることにこだわった。

残された文書の中には、一九九〇年から九四年にかけて書かれた大量のノートがある。ノートは特注だったり、文房具店《ぶんぼうぐてん》やホテルの部屋で調達したものだったりするが、どれも常に変化していく情勢に対応するための欠かせない道具となった。マンデラは依然《いぜん》、事態を完全に掌握《しょうあく》していた。

また、マンデラは、いつも手近にペンをおいておく人だった。ペンに対しては崇拝《すうはい》に似た思いを抱《いだ》いていた。一種の強迫《きょうはく》観念と言っていい。とくに重要だと思う文章を書く時は、自分の万年筆を使うことにこだわった。たとえば一九九八年、大統領在任中の出来事を綴《つづ》った新しい回顧録《かいころく》を書きはじめた時、第一章はすべてその万年筆で書いている。同じ章の草稿《そうこう》を書きなおす時は――何度も書きなおしたのだが――、すべてボールペンだった。二〇〇五年のある日のこと、マンデラは当時の芸術文化大臣パロ・ジョーダンと、ウムタタの美術館の外で演壇《えんだん》の上にすわり、大勢の観衆の前で、大統領から州政府への記念品や賞を授与《じゅよ》することになっていた。主催者《しゅさいしゃ》側は式典のために、それぞれの名を刻んだ銀製のボールペンを用意していた。ジョーダンはそのボールペンを手にとり、引きわたしの書類に署名しはじめた。マンデラはボールペンを調べて首を横にふると、こういう大切な書類には自分の万年筆で署名したい、と言った。マンデラにとって、これは単なる趣味《しゅみ》の問題ではなかった。まぎれもなく、原則や規範《きはん》の問題だったのだ。「本質的な力」の問題と言いかえてもいいだろう。

二〇〇四年、ネルソン・マンデラ財団とともに、マンデラが自らの個人的な記録文書の整理・保管を始めた時、もっとも気にしていたのは、文書そのものがもつ力の問題だった。マンデラは、こうした文書のせいで、自分がまた、人々《ひとびと》の想像の中で崇《あが》められる存在になることを避《さ》けたいと考えていた。業績を誇示《こじ》するようなものにしたくなかったのだ。そうではなく、今後の南アフリカにおける復興と和解の継続《けいぞく》に寄与《きよ》するものにしようと決めていた。そして、次のように述べている。

もっとも大切なのは、われわれがこの文書を、権力によって抑圧《よくあつ》された記憶《きおく》と物語の再生に役だててほしいと望んでいることだ。それこそが正義が求めるところであり、このプロジェクトのもつ、もっとも重要で決定的な影響力《えいきょうりょく》でなければならない。*15

郵便はがき

料金受取人払郵便

牛込局承認

3094

差出有効期間
2021年1月9日
切手はいりません

1 6 2 - 8 7 9 0

東京都新宿区
早稲田鶴巻町551-4

あすなろ書房
愛読者係　行

■ご愛読いただきありがとうございます。■

小社のホームページをぜひ、ご覧ください。新刊案内や、
話題書のことなど、楽しい情報が満載です。
本のご購入もできます➡http://www.asunaroshobo.co.jp
(上記アドレスを入力しなくても「あすなろ書房」で検索すれば、すぐに表示されます。)

■今後の本づくりのためのアンケートにご協力をお願いします。

お客様の個人情報は、今後の本づくりの参考にさせて頂く以外には使用いたしません。下記にご記入の上(裏面もございます)切手を貼らずにご投函ください。

フリガナ お名前	男・女	年齢　　歳
ご住所　〒		お子様・お孫様の年　　歳
e-mail アドレス		
●ご職業　1主婦　2会社員　3公務員・団体職員　4教師　5幼稚園教員・保育士　6小学生　7中学生　8学生　9医師　10無職　11その他(　　)		

※引き続き、裏面もご記入ください。

● この本の書名(　　　　　　　　　　　　　　　　　　　　　　　　　　　)
● この本を何でお知りになりましたか?
1 書店で見て　2 新聞広告(　　　　　　　　　　　　　　新聞)
3 雑誌広告(誌名　　　　　　　　　　　　　　　　　　　　　)
4 新聞・雑誌での紹介(紙・誌名　　　　　　　　　　　　　　)
5 知人の紹介　6 小社ホームページ　7 小社以外のホームページ
8 図書館で見て　9 本に入っていたカタログ　10 プレゼントされて
11 その他(　　　　　　　　　　　　　　　　　　　　　　　　)
● 本書のご購入を決めた理由は何でしたか(複数回答可)
1 書名にひかれた　2 表紙デザインにひかれた　3 オビの言葉にひかれた
4 ポップ(書店店頭設置のカード)の言葉にひかれた
5 まえがき・あとがきを読んで
6 広告を見て(広告の種類〈誌名など〉　　　　　　　　　　)
7 書評を読んで　8 知人のすすめ
9 その他(　　　　　　　　　　　　　　　　　　　　　　　　)
● 子どもの本でこういう本がほしいというものはありますか?
(　　　　　　　　　　　　　　　　　　　　　　)
● 子どもの本をどの位のペースで購入されますか?
1 一年間に10冊以上　2 一年間に5～9冊
3 一年間に1～4冊　4 その他(　　　　　　)
● この本のご意見・ご感想をお聞かせください。

※ご協力ありがとうございました。ご感想を小社のPRに使用させていただいてもよろしいでしょうか　(1 YES　2 NO　3 匿名ならYES)
※小社の新刊案内などのお知らせをE-mailで送信させていただいてもよろしいでしょうか　(1 YES　2 NO)

賢《けん》明《めい》で優れた指導者は、

自分が暮らしている社会の

法と基本的価値観を尊重するものだ。

——ネルソン・マンデラ

時間、肉体、精神

マンデラは日々《ひび》のさまざまな行動規範《きはん》を通じて、本質的なエネルギーを、そして、おそらく力を得ていた。彼《かれ》は自己管理にきびしかった。マンデラは自分がどう見えるか、どう見られているかに気をくばった。世界的な象徴《しょうちょう》として、また、きびしい交渉《こうしょう》のリーダーとして、これ以上ない波乱のまっただ中にあってさえ、日課を守り、常に時計を気にしていた。マンデラのすることにはすべて計画性があった。時間を守らないことをとてもきらった。自分にとっても、周囲の人にとっても、時間はきちんと管理すべき貴重な資源なのだ。マンデラは時間に関して過剰《かじょう》なほどうるさいことがあった。

常に早めに行動することを好み、地位が高いからといって、自分より身分の低い人たちを好きなように待たせることなど考えられなかった。とくに、マンデラ自身や他の人々《ひとびと》を待たせた人間に対しては怒《いか》りを覚え、時には激昂《げっこう》した。ある著名な指導者は、自分が演説することになっていた行事に大幅《おおはば》に遅刻《ちこく》してしまい、マンデラの逆鱗《げきりん》に触《ふ》れた。マンデラはその人物に続いて演壇《えんだん》に立つと、時間を守ることの大切さについて説教めいたことを長々《ながなが》としゃべった。

しかし、さすがのマンデラも、この日だけは少し遅《おく》れるのではないか、時間を守れないのではないかと思われた日があった。刑務所《けいむしょ》から釈放《しゃくほう》された翌日のことだ。前日は朝から晩まで大変な一日で、妻のウィニーの到着《とうちゃく》を何時間も待ったあと、ヴィクター・フェステア刑務所《けいむしょ》*〈xxiii〉を歩いて出た。マンデラは予定が遅《おく》れたことにいらついていた。その後は、ケープタウン市庁舎での最初の演説、夜はツツ大主教の自宅で大主教とレア夫人に面会するなど、劇的な出来事の連続で、ベッドに入ったのはいつもよりずっとおそかった。釈放《しゃくほう》されたマンデラを要人として受けいれたチームのメンバーの一人、トレヴァー・マニュエルは、二日間、ほとんど寝《ね》ていなかったので、家に帰ってベッドに倒《たお》れこんだものの、午前四時に電話が鳴って起こされた。かけてきたのはマンデラで、いつもどおりの時間に起床《きしょう》していて、しかも、トレーニング用のウェイトはどこにあるのかとたずねたのだった。*16

マンデラは生涯《しょうがい》、体を鍛《きた》えつづけることを重視した。口に入れるものにも気を配り、好きなだけ食べたり飲んだりすることはまずなかった。青年期にはさまざまなスポーツにとりくみ、そのためのきびしいトレーニングもこなした。成人してからはボクシングジムに通ったが、それは、ボクシング特有の精神性や反復性を好んだからだ。刑務所《けいむしょ》にいるあいだは、朝早く起きて独房《どくぼう》の中で足踏《あしぶ》みランニングをするので、ほかの受刑者《じゅけいしゃ》たちが辟易《へきえき》することもしばしばだった。マンデラは、引きしまった丈夫《じょうぶ》な体を維持《いじ》していることを自慢《じまん》にしていた。一九五六年、大逆罪で起訴《きそ》＊(XXIV)され、看守に命じられて、他の大勢の収監者《しゅうかん》たちとともに服をぬいだ時、仲間たちの体を見て笑いをもらしたという。晩年には、見るからに腹の肉が垂れてしまった昔からの友人や同志、同僚《どうりょう》たちをよくからかった。「不健康の印だぞ」マンデラはよくそう言いながら、今もまだ固い自分の腹筋をたたいてみせた。

　見た目に気をくばり、品格を保ち、きちんとした身なりをする。マンデラは、服装や外見が基本的な商売道具であることをよくわかっていた。高校で監督生《かんとくせい》（学生寮《がくせいりょう》で他の寮生《りょうせい》たちの管理・監督《かんとく》を任された優等生）をしていた時は、制服に一点の乱れもなく、髪《かみ》は当時流行のすそを刈《か》りあげた七三分けだった。若き弁護士にして気鋭《きえい》の反アパルトヘイト活動家だった頃《ころ》は、いつも一分《ぶ》の隙《すき》もないスーツ姿で、指には無造作にタバコをはさんでいた。晩年は、ほとんどいつも、

「マディバ・シャツ」として世界的に有名になったシャツを着て——そのファッションは、印象的で独特な一種のブランドになった——、タバコを吸うスタッフたちには、よく文句を言っていた。たまりかねたスタッフの一人が、一九五〇年代に撮影《さつえい》された、タバコを手にしたマンデラが写っている大きな写真を見せた。するとマンデラは、トレードマークのいたずらっぽい光を目に浮《う》かべてこう言った。「いや、当時は、大物になるにはタバコを吸わなきゃならなかったんだ。でも、本当に吸ってたわけじゃない」

イメージは大切だった。おそらくマンデラは、ほかのだれよりも深く、たいていの人たちよりも早くから、ブランド戦略を理解していたのだろう。一九六二年、当時のアパルトヘイト政権によって逮捕《たいほ》されたあと、マンデラは裁判への非協力という戦略をとった。法廷《ほうてい》では伝統的なテンブ族の服を着て、弁護士の力を借りることを拒《こば》み、自分が「白人の法廷《ほうてい》に立つ黒人」だという理由で司法手続きの合法性を認めなかった。その象徴《しょうちょう》的な意味は非常に大きく、こめられたメッセージは強烈《きょうれつ》だった。地下に潜伏《せんぷく》している時期には、捕《と》らえることのできない革命家というイメージを作りあげ、「黒はこべ」（一九〇五年出版のイギリス小説で、フランス革命の際に貴族たちを国外に亡命させる謎《なぞ》の一団を描《えが》いた『紅はこべ』をもじったもの）と呼ばれるようになった。そのイメージができたのは、革命家らしい、伸《の》び放題の濃《こ》いあごひげのせいでもあった。逮捕《たいほ》の直前、マンデラは同志たちから、ひげをそり落としたほうがいいと言われたのは、あまりに目立つ特徴《とくちょう》だったからにほかならない。しかし、マンデラはそのひげに愛着をもっていたので、逮《たい》捕《ほ》された時も生やしたままだった。外見は彼《かれ》の商売道具であり、また、魂《たましい》に着せた衣《ころも》でもあったのだ。

死とむきあって

広く知られているように、一九六四年、ネルソン・マンデラとその他のリヴォニア裁判の被《ひ》告《こく》たち*〈XXV〉は死とむきあっていた。死刑《しけい》判決も十分予想されたが、政治的な駆《か》け引きとして減刑《げんけい》は求めなかった。これは彼《かれ》ら全員にとって長い道のりを経た到達点《とうたつてん》だったのだ。活動家たちは、苛烈《かれつ》さを増すアパルトヘイト政権に立ちむかうために、すでに全員がきわめて危険な道を選択《せんたく》していた。三年前に政権との武装闘争《とうそう》を始めたことで、彼《かれ》らは自分たちの身を銃火《じゅうか》にさらすことになった。そしてこの時、黒人の同志たちにしてみれば、黒人の命を軽視する制度を倒《たお》す千《せん》載《ざい》一《いち》遇《ぐう》の機会が目の前にあった。彼《かれ》らにとって、死の影《かげ》は、すでに日々《ひび》の暮らしの中に織りこまれていたのである。

死を口にするのは重いタブーであったにもかかわらず、最晩年のマンデラは、しばしば周囲の者たちとの会話で死ぬことを話題にした。よくおぼえているが、彼《かれ》の人生も終わりに近づいた十二月のある日のこと、マンデラは、われわれ、ネルソン・マンデラ財団の職員全員を自室に呼び、一年間の仕事をねぎらった。そこまでは年末恒例《こうれい》の習慣だった。が、マンデラはさらに、「これが最後になるかもしれない」と言った。「私も年をとった。天国の門にたどりついたら、こうきかれるだろう。『おまえはだれだ?』『マディバ!』私はそう答えるつもりだ。『どこから来た?』『南アフリカだ!』『ああ!』と、彼《かれ》らは言うだろう。『あ、あのマディバか。おまえがくぐるのはこの門じゃない。ほら、ずっと下のほうに見えるだろう? あのとても暑いところにある、あれがおまえのくぐる門だ』マンデラは、いったん口をつぐみ、こう締《し》めくくった。「でも、心配するな。あっちには大企業《きぎょう》とANCの連中がいて、私を助けてくれるから」そして、いかにもネルソン・マンデラらしい笑い声をたてた。

マンデラが自らの死について語ったのは、ひとつには、周囲の者たちに、自分がいつまでもここにいるわけではないという事実を受けいれてもらうためだったにちがいない。マンデラは私たちのためを思って言ったのだ。それも寛大《かんだい》さのひとつの規範《きはん》だったのだろう。しかし見方を変えれば、常に死と隣《とな》りあわせだった自らの人生を表現していたとも言える。そして、九十代に入ると、寛大《かんだい》さという、人が昔から重んじてきた規範《きはん》に磨《みが》きをかけていった。それは、だれにでもできることではない。

リーダーのタイプには二種類ある。

一貫性《いっかんせい》がなく、行動が予測不能で、

重要[問題]について、

今日は賛成しているのに

明日は反対するタイプと、

首尾一貫《しゅびいっかん》していて、名誉《めいよ》を重んじ、

先見性があるタイプだ。

——ネルソン・マンデラ

平《へい》凡《ぼん》な日常

「規範《きはん》」に従《したが》い、「原則」を守ることは、ネルソン・マンデラがその才能を磨《みが》いていく土壌《どじょう》となった。この非凡《ひぼん》なリーダーは、生活の中にある平凡《へいぼん》な日常から創《つく》りだされたのだ。人の話に耳を傾《かたむ》け、記録を残し、体を鍛《きた》えることは、だれにでもできる。他者を尊重し、死とむきあうこともそうだ。だれもが、自分の内にリーダーの資質を見出すことができる。マンデラの政治家としての嗅覚《きゅうかく》や、絶妙《ぜつみょう》な時宜《じぎ》の選択《せんたく》、不測の事態や偶然《ぐうぜん》によって生まれた機会を活《い》かす能力は、じつは、しばしば非常に過酷《かこく》な状況《じょうきょう》におかれたにもかかわらず、まさにこの日常の習慣を守っていく不断の努力から生まれたものだ。マンデラは常に、長期にわたってなにかに関《かか》わりつづけていた。二十七年におよぶ獄中《ごくちゅう》生活。四十六年かけて取得した法学士号。ＡＮＣでは四十八年の活動を経たのちに党首となっている。マンデラは我慢《がまん》の仕方を知っていた。

ボクシングにたとえて言えば、マンデラは、魔法《まほう》のようなバランス感覚を備えていた。モハメド・アリ、シュガー・レイ・ロビンソン（どちらもアメリカの有名なボクサー）、ベイビー・ジェイク・マトラーラ（南アフリカの世界的ボクサー）といった偉大《いだい》なボクサーたちがみなそうであるように、マンデラは蝶《ちょう》のように舞《ま》い、蜂《はち》のように刺《さ》した。鍵《かぎ》はバランスにある。マンデラは踊《おど》るように危険から逃《のが》れ、いきなりパンチをくりだすことができた。かと思えば、難なくロープにもたれて刑《けい》の重さを吸収してみせる。そして正確なジャブを打ち、ノックアウトパンチを放つ術《すべ》を心得ていた。だが、人々《ひとびと》がリング上で見るものは、ロードワークやジムでのトレーニングなど、人の目にふれないものから生みだされる。日々《ひび》の鍛錬《たんれん》、強打、人気のないリング、ぼろぼろのパンチングボール、そして顧《かえり》みられることのない愛する人たち。蝶《ちょう》のように舞《ま》い、蜂《はち》のように刺《さ》せるようになるには、人は必ず、蟻《あり》のように働かなくてはならない。

意外に思うかもしれないが、マンデラの場合、「一貫性《いっかんせい》」こそ、その優れたリーダーシップを支える資質だったのかもしれない。かつてマンデラ自身が、次のように強調したことがある。「リーダーのタイプには二種類ある。一貫性《いっかんせい》がなく、行動が予測不能で、重要［問題］について、今日は賛成しているのに明日は反対するタイプと、首尾一貫《しゅびいっかん》していて、名誉《めいよ》を重んじ、先見性があるタイプだ[*17]」彼《かれ》が言わんとするところをよく理解するには、これもまたボクシングにたとえるのが早道だろう。すなわち、蝶《ちょう》のように舞《ま》い、蜂《はち》のように刺《さ》し、蟻《あり》のように働く、このうち、三つ目こそが、すべての偉大《いだい》なボクサーの土台となる忍耐力《にんたいりょく》を生み、さらに、常に最大の力を発揮する能力の源泉になるのだ。（皮肉なことに、蟻《あり》の働きぶりはまた、必要とあれば予想外の行動をとる能力を高め、それはボクサーにとっても政治家にとっても、いざという時に欠かせない武器となる。）

蟻《あり》の働きぶり、つまり、日々《ひび》の行動、日課、習慣における規範《きはん》を求めて、マンデラは多様な伝統、制度、助言者の力を大いに借りた。これまで述べてきたように、マンデラは人生の早い段階から、遭遇《そうぐう》するあらゆるルールを調べ、それを自分自身のものとするか、捨ててしまうかを決める力を見せていた。そうした行為《こうい》を通じて、彼《かれ》は独力で、さまざまな影響力《えいきょうりょく》をまたとない形で融合《ゆうごう》させ、機を見る力や直感が花ひらく、「豊かな土壌《どじょう》」と私たちが呼ぶものを作りだしたのである。この本の冒頭《ぼうとう》にもどるが、まさにこの土壌《どじょう》こそが、一九八六年、マンデラが刑《けい》務所《むしょ》内から、形勢を一変させる調停交渉《こうしょう》の機会をつかみ、大方の予想をくつがえして、その変革を主導することを可能にしたのだ。彼《かれ》は、人々《ひとびと》の先頭に立つ術《すべ》を心得ていたのである。

真のリーダーは、

それがどんなに深刻で

あつかいにくいものであっても、

あらゆる問題を利用し、

議論が終わった時には、より組織が強化され、

団結が深まっていることを目指すものだ。

——ネルソン・マンデラ

ネルソン・マンデラについて

ネルソン・マンデラは一九一八年七月十八日、南アフリカ共和国、トランスカイに生まれた。一九四〇年代前半にアフリカ民族会議（ＡＮＣ）に加わり、当時政権を握《にぎ》っていた国民党のアパルトヘイト（人種隔離《かくり》政策）への抵抗《ていこう》運動に長年携《たずさ》わる。一九六二年八月に逮捕《たいほ》され、その後の二十七年を超《こ》える獄中《ごくちゅう》生活のあいだ、反アパルトヘイト運動を推進するための強力な抵抗《ていこう》のシンボルとして着実に評価が高まっていった。一九九〇年に釈放《しゃくほう》されると、一九九三年にノーベル平和賞を共同受賞、一九九四年には南アフリカ初の民主的選挙によって選ばれた大統領となる。二〇一三年十二月五日、九十五歳《さい》で死去。

ネルソン・マンデラ財団について

ネルソン・マンデラ財団は、一九九九年、ネルソン・マンデラが大統領を退任したのちに、その後の活動拠点《きょてん》として設立された非営利団体です。二〇〇七年、マンデラはこの財団に、対話と記憶《きおく》の共有を通じて社会正義を促進《そくしん》する役割を賦与《ふよ》しました。

財団の使命は、公正な社会の実現に寄与《きよ》するために、ネルソン・マンデラの遺志を生かし、その生涯《しょうがい》と彼《かれ》が生きた時代についての情報を広く提供し、重要な社会問題に関する対話の場を設けることにあります。

当財団は、その事業のあらゆる側面にリーダーシップ養成を組み入れる努力をしています。

nelsonmandela.org

このプロジェクトについて

「真のリーダーは、緊張《きんちょう》を和らげることに注力しなければならない。細やかな配慮《はいりょ》を要する複雑な課題にとりくんでいる時はとくにそうだ。過激な勢力が力を伸《の》ばすのは社会が緊張《きんちょう》状態にある時が多く、感情にまかせれば合理的に考えられなくなる」

——ネルソン・マンデラ

このシリーズは、ネルソン・マンデラの生涯《しょうがい》に着想を得て、現代の影響力《えいきょうりょく》をもつリーダーたちが真に重要と考えていることを記録し、共有するために編まれました。

この書籍《しょせき》の販売《はんばい》から得られた原著者への著作権料は、国際連合の年次評価によって定義されるすべての開発途上国《かいはつとじょうこく》、または市場経済移行国における翻訳《ほんやく》、ならびに本シリーズの内容にもとづく映画、書籍《しょせき》、教育プログラムを無償《むしょう》で閲覧《えつらん》する権利を支援《しえん》するために用いられます。

iknowthistobetrue.org

企《き》画《かく》・制作

「良い頭と良い心は、つねに最強の組み合わせだ」——ネルソン・マンデラ

ネルソン・マンデラ財団
Sello Hatang, Verne Harris, Noreen Wahome, Razia Saleh and Sahm Venter

ブラックウェル & ルース
Geoff Blackwell, Ruth Hobday, Cameron Gibb, Nikki Addison, Olivia van Velthooven, Elizabeth Blackwell, Kate Raven, Annie Cai and Tony Coombe

私《わたし》たちは、世界中の社会の利益のために、マンデラが遺《のこ》した稀有《けう》な精神を広める一助となることを願っています。

謝辞

私たちはすでに十年以上にわたって、ネルソン・マンデラ財団のガイドツアーを実施《じっし》し、文書館での説明を行ってきました。今まで世界の多くの国々《くにぐに》からやってきた方々《かたがた》が、どんな資質がマディバをあのような偉大《いだい》なリーダーにしたのか探ろうと、さまざまな質問を投げかけてくださったことに感謝いたします。中でも、答えるのがとてもむずかしい質問を数多くしてくれたのは、南アフリカ国内の学生グループや各地からやってきた人々《ひとびと》でした。そうした質問がきっかけとなって、ツアーガイドなしでも使えるテキストを作ることになりました。

もちろん、私たちが一番感謝しなければならないのはマディバその人で、自身が書き残した文書の利用を認め、私たち二人のために惜《お》しみなく時間を割いてくれました。マディバのために働くのは幸せなことでしたが、それ以上に、彼《かれ》の話に耳を傾《かたむ》けることこそが一番の幸せでした。そして、その話をしっかりと受けとめることができたと信じています。

財団の同僚《どうりょう》たちは私たちへの援助《えんじょ》を惜《お》しみませんでした。中でも、ラジア・サレーと彼女《かのじょ》の文書管理チームのメンバーに、そして、上級研究員のサーム・フェンター、財団の業務執行《しっこう》責任者（ＣＯＯ）のリンフォ・モニヤマニ、財団代表（ＣＥＯ）秘書、ブーイ・スィシュバに心からの感謝を捧《ささ》げます。

このような小さな本を作るアイディアは、利益より志《こころざし》を優先する数少ない出版人、ジェフ・ブラックウェルとルース・ホブデイとの会話の中から芽生えたものです。あなたたちの期待に応《こた》えるものが書けたと思っています。そしてまた、お二人の妥協《だきょう》のない本作りに敬意を払《はら》う社員のみなさん、キャメロン・ギブ、ニッキ・アディソン、オリヴィア・ヴァン・ヴェルトホーヴェン、エリザベス・ブラックウェル、そしてマイク・ワグに感謝します。

マンドラ・ランガは、この本の製作の初期段階で、その見識と企画《きかく》への支持を示してくれましたが、それはちょうど、彼《かれ》が、その後、"*Dare Not Linger: The Presidential Years*"というタイトルで出版されることになる、マディバの大統領時代を描《えが》く評伝の執筆《しっぴつ》を依頼《いらい》された直後のことでした。あなたとともに仕事をすることができたことは光栄です。

部署や地位にかかわらず、人はみなリーダーシップを求められている、という根本的な見識を得られたことに対し、以下にお名前をあげる方々《かたがた》に深く感謝いたします。ツツ・リーダーシップ奨学《しょうがく》基金、ドイツ国際協力協会(Deutsche Gesellschaft für Internationale

Zusammenarbeit（GIZ）GmbH）のグローバル・リーダーシップ・アカデミー・プロジェクト（GLAC）のみなさん、そして、オビニワ・アンポンサ、アフマット・ダンゴール、レベッカ・フリーザ、シャンドレ・グールド、ゼルダ・ラフランヒ、ジェリー・マベナ、グラサ・マシェル、ジャブ・マシーニ、ンジャブロ・ンデベレ、パット・ピレイ、レオン・ヴェッセル、ピーター・ウェストビー、ウンディーネ・ワンデの諸氏。ありがとうございました。

途方《とほう》に暮れている時こそ、内なるリーダーを見出せることを願いつつ。

セロ・ハタン ＆ ヴァーン・ハリス

注

*〈i〉 「マディバ」は、マンデラが属する氏族の名前。

*〈ii〉 ケープタウン郊外のポールズムア重警備刑務所。マンデラは、ウォルター・シスル、レイモンド・ムフラバ、アンドリュー・ムランゲーニとともに移送され、数か月後にはアメッド・カスラーダも合流。同刑務所に1982年3月から1988年8月まで収監された。

*〈iii〉 1985年、マンデラは当時の法務大臣クアビー・クツィアとの折衝を開始。政府とANCが交渉の場につく可能性について検討を始めるための、予備交渉を要請した。

*〈iv〉 ジョンギンタバ・ダリンディエボ首長(1942年没)。テンブ族の摂政。マンデラの父の死後、後見人となる。

*〈v〉 マンデラはテンブ王国に生まれ、王家の一員だった。

*〈vi〉 ANCは、1967年まで非アフリカ人に加入資格を与えていなかったが、会議活動として知られるようになった活動では、南アフリカインド人会議、南アフリカカラード人民会議、および民主主義者会議と連帯して活動した。

*〈vii〉 刑務官、看守。
(訳注・原書は prison warder というイギリス系の英語を、より一般的な prison guard, warden という語で説明している。)

*〈viii〉 マンデラは生涯にわたって詳細な日記をつけていた。大統領だった時期には、会議の議事録とするため、スケジュールの詳細を記録するメモを卓上日記にしばしば書き残した。

*〈ix〉 マンデラは1963年から1964年にかけて、他の9人とともに破壊行為容疑で裁判にかけられた。9人のうち6人が逮捕されたのが、南アフリカ、ジョハネスバーグ市郊外のリヴォニア地区であったことから、この裁判はリヴォニア裁判とよばれる。マンデラと、ほかに7人の被告が有罪判決を受け、ロベン島に収監された。

*〈x〉 テンビシレ(クリス)・ハーニ(1942-93)。反アパルトヘイト活動家で自由の闘士。1993年、南アフリカのジョハネスバーグにある自宅の外で暗殺された。

*〈xi〉 マハト(ハト)・マンデラ(1950-2005)。マンデラと最初の妻エヴェリンの次男。エイズの合併症で2005年1月6日、南アフリカ、ジョハネスバーグで死亡。

*〈xii〉 p.21「プロローグ」第一段落を参照。

*〈xiii〉 ロベン島重警備刑務所はテーブル湾内の島にあり、ケープタウン沖7キロに位置する。マンデラがここに送られたのは1963年5月が最初で、1964年6月13日にリヴォニア裁判で破壊行為の有罪判決を受け、再びロベン島に送られた。1982年、本土のポールズムア重警備刑務所に移送されるまで、ここに収監されていた。

*〈xiv〉 オリヴァー・レジナルド(O.R.)・タンボ(1917-93)。弁護士、政治家、反アパルトヘイト活動家、自由の闘士。南アフリカでアフリカ人初の法律事務所をマンデラとともに開設した。

*〈xv〉 ムヴイェルワ・ターボ・ムベキ(1942-)。政治家、反アパルトヘイト活動家。南アフリカ共和国副大統領(1994-99)、南アフリカ共和国大統領(1999-2008)。

*〈xvi〉 シェル・ハウス虐殺として知られるようになった事件で、1994年3月28日、南アフリカのジョハネスバーグにあるANC本部シェル・ハウスの外で、デモ行進中だったインカタ自由党(IFP)の党員8名が、ANCの警備員たちによって射殺された。デモは、IFPが提案していた選挙ボイコットを訴えるものだった。IFPは土壇場の交渉で、1994年4月27日の南アフリカ初の民主選挙に参加することに同意した。

*〈xvii〉 ルース・ファースト (1925-82)。ジャーナリスト。共産党とANCで活動。1956年の大逆裁判の被告となった。1964年に亡命し、モザンビーク滞在中、アパルトヘイト政権の工作員が送った小包爆弾によって暗殺された。

*〈xviii〉 バントゥー・スティーヴン・ビコ (1946-77)。1968-69年に創設された南アフリカ学生協会(SASO)の共同創設者で初代会長。SASOはのちに黒人代表者会議(BPC)となる。1960年にANCとパンアフリカニスト会議 (PAC)が非合法化され、また、1960年代に政治的指導者たちが留置、収監されて生じた政治的空白から、黒人意識運動(BCM)が生まれた。この運動は、SASOの創設から始まり、1972年にはBPCと南アフリカ学生運動(SASM)によって社会的広がりをみせ、1976年にソウェトで始まった学生蜂起では中心的役割を担った。ビコは広く、BCMのリーダーと見なされていたが、1977年9月12日、警察に拘留中に殺害された。

*〈xix〉 アメッド・カスラーダ(1929-2017)。ANCと南アフリカ共産党の幹部で、マンデラとともにリヴォニア裁判の被告となり、収監された。

*〈xx〉 サティヤンドラナス(マック)・マハラジ(1935-)。自由の闘士、学者、政治家、反アパルトヘイト活動家。ロベン島で服役した元同志。

*〈xxi〉 「ダガ」は、南アフリカではマリファナという意味。

*〈xxii〉 ティム・カズンズ（1944-2016）。歴史家、作家。マンデラの著作『ネルソン・マンデラ　私自身との対話』の調査チームの一員として、この著作の準備期間に何度もマンデラにインタヴューした。

*〈xxiii〉 ヴィクター・フェステア軽警備刑務所は、西ケープ州パールとフランシュックの間に位置する。マンデラは1988年にこの刑務所に移され、1990年に釈放されるまでこの刑務所の敷地内にある住宅で寝起きしていた。

*〈xxiv〉 大逆裁判（1956-61）は、アパルトヘイト政策をとる政府が、反アパルトヘイト勢力の連合体である会議連合の力を抑え込もうとしたことに起因する。1956年12月5日早朝の一斉検挙で156人が逮捕され、大逆罪で起訴された。1961年3月に裁判が終結するまでに、被告は大半が不起訴処分となり、残る28人の被告（マンデラを含む）も無罪とされた。

*〈xxv〉 原文はtrialist。南アフリカでは、対審（陪審を交えずに裁判官が直接判決を下す裁判）の被告を意味する。

出典

・ネルソン・マンデラについての詳しい情報は、ネルソン・マンデラ財団のウェブサイトhttps://www.nelsonmandela.orgを参照してください。

・ネルソン・マンデラの著書および参考資料の一覧はhttps://www.nelsonmandela.org/publicationsを参照してください。

・ネルソン・マンデラの写真、動画、その他のメディアは、https://www.nelsonmandela.org/multimedia/を参照してください。

・マンデラの言葉は、引用されたものも含めほかにも多くの例が下記サイトで読めます。https://www.nelsonmandela.org/content/page/speeches

・NMは、ネルソン・マンデラの略。

*1 ヴァーン・ハリス。ジョージ・ビゾスとの会話より。2010年頃、南アフリカ共和国ジョハネスバーグにて。

*2 NM, *Long Walk to Freedom* (London, England: Abacus, 1995), pp.25-6(ネルソン・マンデラ『自由への長い道　ネルソン・マンデラ自伝　上・下』東江一紀訳、日本放送出版協会、1996)

*3 NM、1962年10月22日、南アフリカ、プレトリア、旧シナゴーグ裁判所での陳述。http://db.nelsonmandela.org/speeches/pub_view.asp?pg=item&ItemID=NMS011参照。

NM、1964年4月20日、南アフリカ、プレトリア、プレトリア最高裁判所、リヴォニア裁判、被告席から被告側冒頭陳述。http://db.nelsonmandela.org/speeches/pub_view.asp?pg=item&ItemID=NMS010参照。

NM、1990年2月11日、南アフリカ、ケープタウン、市庁舎にて。釈放後の演説。http://db.nelsonmandela.org/speeches/pub_view.asp?pg=item&ItemID=NMS016参照。

NM、1993年4月13日、南アフリカ、ジョハネスバーグにて。クリス・ハーニ暗殺後、国民に向けたテレビ放送。http://db.nelsonmandela.org/speeches/pub_view.asp?pg=item&ItemID=NMS135参照。

NM、1994年5月10日、南アフリカ、プレトリア、ユニオンビル(大統領官邸)にて。南アフリカ大統領就任演説。http://db.nelsonmandela.org/speeches/pub_view.asp?pg=item&ItemID=NMS176参照。

*4 NM、2000年7月14日、南アフリカ、ダーバンにて。第13回国際エイズ会議での閉会の辞。http://db.nelsonmandela.org/speeches/pub_view.asp?pg=item&ItemID=NMS083参照。

*5 *Mandela: The Authorised Portrait* (Auckland, New Zealand: PQ Blackwell, 2006), p. 334.

*6 NM, *Long Walk to Freedom* (London, England: Abacus, 1995), p.749(『自由への長い道　ネルソン・マンデラ自伝　上・下』)

*7 NM、1979年12月9日付ウィニー・マンデラ宛書簡より。*Conversation with Myself* (London, England: Macmillan, 2010), p.234（ネルソン・マンデラ『ネルソン・マンデラ　私自身との対話』長田雅子訳、明石書店、2012）

*8 *Mandela at 90*, directed by Clifford Bestall (UK: Giant Media Productions, 2008).

*9 NM、リチャード・ステンゲルとの会話より。1993年3月16日、南アフリカ、ジョハネスバーグにて。南アフリカ、ジョハネスバーグ、ネルソン・マンデラ財団、CD28。

*10 NM, *Long Walk to Freedom* (London, England: Abacus, 1995), p.36（『自由への長い道　ネルソン・マンデラ自伝　上・下』）

*11 NM, *Mandela: The Authorised Portrait*（Auckland, New Zealand: PQ Blackwell, 2006）の出版準備のために行ったティム・カズンズ、ヴァーン・ハリス、マック・マハラジとのインタヴュー。2005年8月13日、南アフリカ、ジョハネスバーグにて。

*12 同上。

*13 NM, *Conversation with Myself* (London, England: Macmillan, 2010), p.409（『ネルソン・マンデラ　私自身との対話』）

*14 Bruno Latour, "Visualization and Cognition: Thinking with Eyes and Hands", *Knowledge and Society* 6:1-40, 1986.

*15 NM、2004年9月21日、南アフリカ、ジョハネスバーグ、ネルソン・マンデラ財団にて。ネルソン・マンデラ記憶と記念センタープロジェクト立ち上げに際しての演説。http://db.nelsonmandela.org/speeches/pub_view.asp?pg=item&ItemID=NMS761 参照。

*16 Pippa Green, *Choice Not Fate: The Life and Times of Trevor Manuel* (Johannesburg, South Africa: Penguin Books (South Africa) (Pty) Ltd, 2008), p. 315. 参照

*17 NM、メモ帳より。記載日不明。

著者紹介

セロ・ハタン

Sello Hatang

南アフリカ人権委員会の情報通信と広報部門の責任者を経て、現在、ネルソン・マンデラ財団の代表を務める。アパルトヘイト時代の犯罪を調査するために1995年に設立された、「真実究明と和解のための委員会」に記録面での裏付けを提供するなど、アパルトヘイト後の南アフリカ国立文書館の変革にたずさわる。ジョハネスバーグにあるヴィットヴァータースラント大学の南アフリカ歴史文書館（ＳＡＨＡ)の元館長で、南アフリカ憲法推進審議会（ＣＡＳＡＣ)、ＳＡＨＡ、および公開民主主義助言センターの諮問委員。マンデラの公式引用文集 "*Nelson Mandela by Himself: The Authorised Book of Quotations*" を共同編集。

2017年、その指導力に対してアルゼンチン、ブエノスアイレス市から名誉ディプロマが授与された。2019年には、人権とネルソン・マンデラの遺志の普及への取り組みに対し、イタリア、フィレンツェ市の鍵が授与され、ジャーナリスト作家財団からは平和文化賞が与えられている。

ヴァーン・ハリス

Verne Harris

2004年から2013年までマンデラのアーキヴィスト（公文書や歴史的文書の管理者)を務め、現在、ネルソン・マンデラ財団でリーダーシップ・知識養成部門を率いる。南アフリカ国立文書館の元副館長で、「真実究明と和解のための委員会」の一員。南アフリカ、ポートエリザベスのネルソン・マンデラ大学の非常勤教授で、ケープタウン大学の名誉研究員。"*Archival Science*（文書館学）"誌、アメッド・カスラーダ財団、表現の自由研究所、南アフリカ歴史文書館の役員を務める。

五冊の著書、共著があり、そのうちの小説二作品は南アフリカＭ-Ｎｅｔ文学賞の最終候補となる。オーストラリア、カナダ、南アフリカで文書学関連書に与えられる賞を受賞。ベストセラーとなったネルソン・マンデラの著書『ネルソン・マンデラ　私自身との対話』の編集チームを率いた。2014年、アルゼンチンのコルドバ国立大学から名誉博士号が授与された。米国イリノイ州ドミニカン大学大学院が、図書館情報学に寄与した研究者に委嘱するフォレット社協賛講座(2018～19年)で講師を務める。

I Know This to Be True: Nelson Mandela

Text by Sello Hatang and Verne Harris

Japanese translation rights arranged with
CHRONICLE BOOKS
through Japan UNI Agency, Inc., Tokyo

NELSON MANDELA
FOUNDATION
Living the legacy

原田勝
はらだ まさる
1957年生まれ。東京外国語大学卒業。主に英語圏の児童書・YA作品の翻訳を手がける。訳書に『ウェストール短編集　真夜中の電話』（徳間書店）、『ブライアーヒルの秘密の馬』（小峰書店）、『コピーボーイ』（岩波書店）、『キャパとゲルダ　ふたりの戦場カメラマン』（あすなろ書房）など。

信念は社会を変えた！ シリーズの指針として
ネルソン・マンデラ

2020年9月30日　初版発行

著者　セロ・ハタン & ヴァーン・ハリス
訳者　原田勝
協力　小宮由紀
発行者　山浦真一
発行所　あすなろ書房
〒162-0041 東京都新宿区早稲田鶴巻町551-4
電話 03-3203-3350（代表）
印刷所　佐久印刷所
製本所　ナショナル製本

ISBN978-4-7515-3002-3 Printed in Japan

日本語版デザイン／城所潤＋大谷浩介（ジュン・キドコロ・デザイン）